Hallo liebe Malfreunde,

in diesem Buch finden sie

36 einseitig bedruckte Bögen mit

Ornament / Blumen - Ausmalmotiven

in einer Art Tattoostil.

Auf den Seiten 2 bis 5 sehen sie eine Galerie

mit bereits ausgemalten Motiven

in verkleinerter Form - als Beispiel zur

Anregung oder Orientierung.

Ich wünsche ihnen viel Spass und Entspannung

beim Ausmalen meiner Motive.

Mit besten Grüssen

Mirko Krajewski

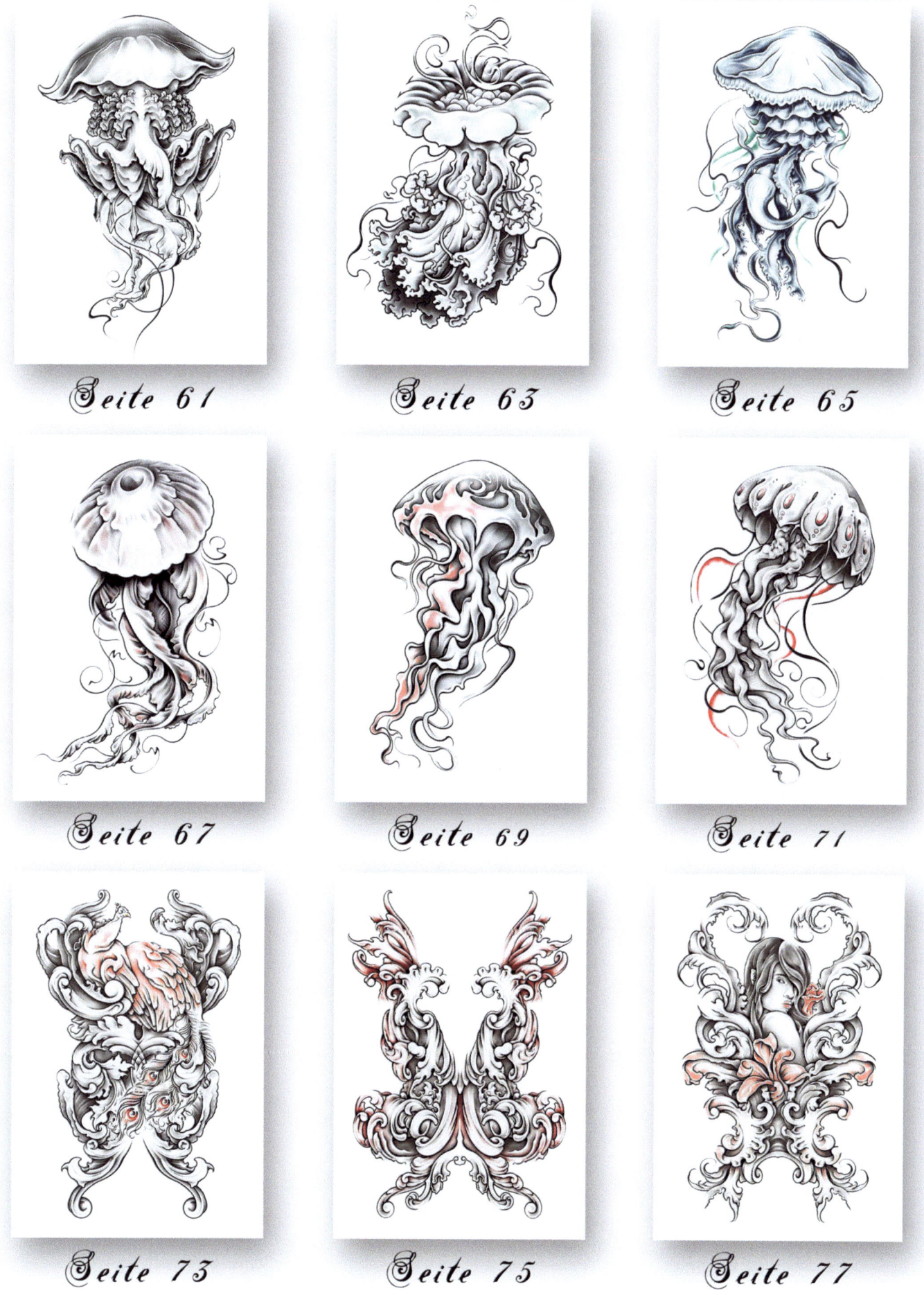

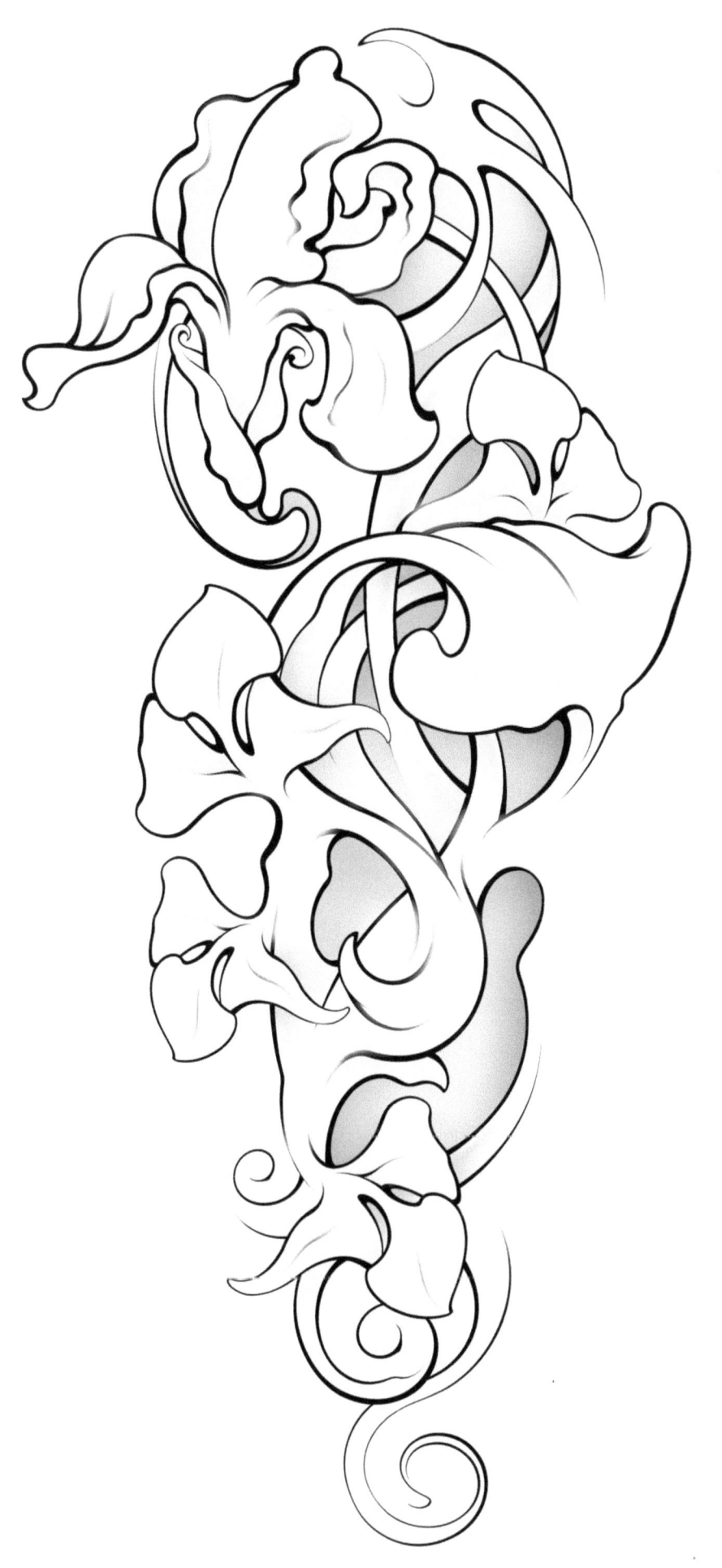

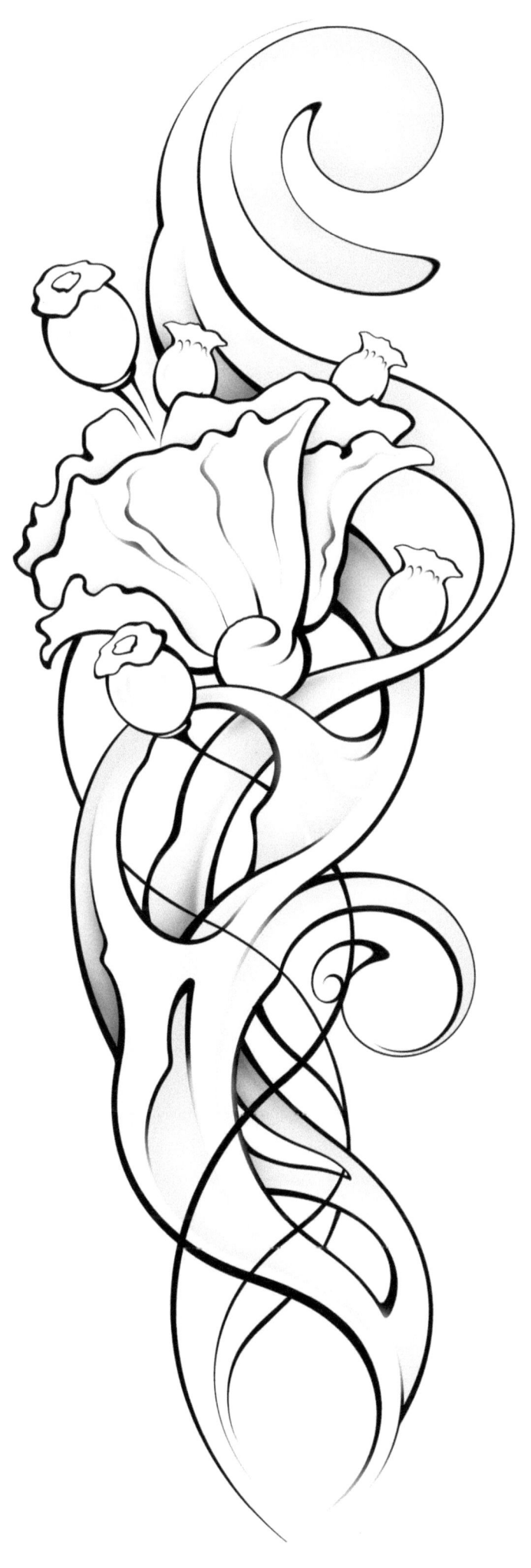

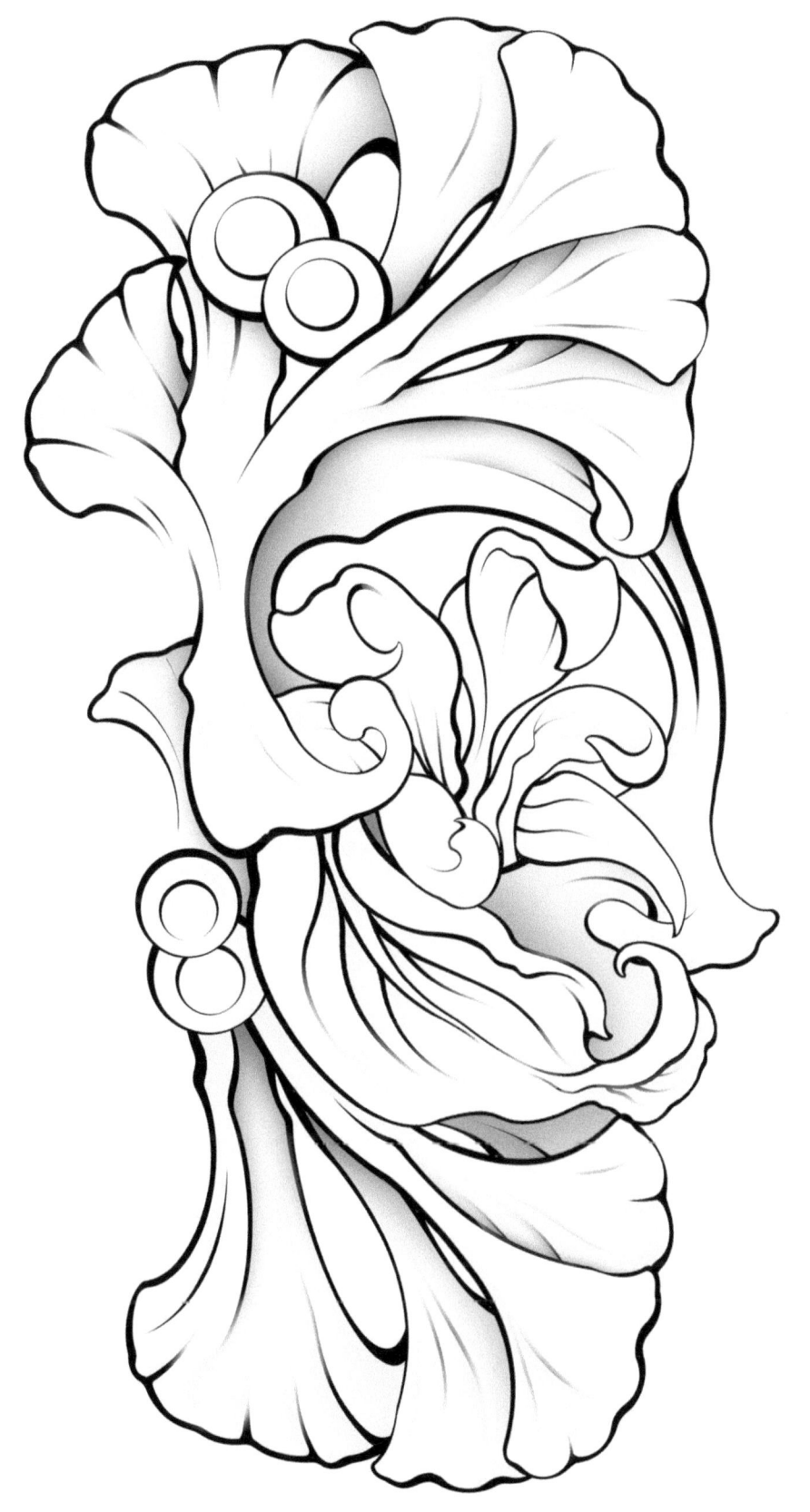

Herstellung und Verlag:
BoD - Books on Demand, Norderstedt
ISBN 978-3-7431-5412-4